LA CHUTE

DE

LA FRANCE

SEPTIÈME ESQUISSE

Par D. GESTA

> La vérité, la triste vérité.
>
> (D.-G.)

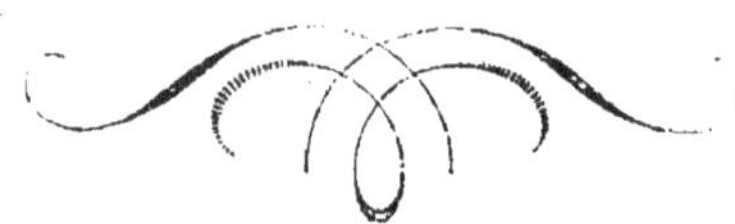

BORDEAUX

IMP. AUG. BORD, RUE PORTE-DIJEAUX, 91

—

1871

DÉDICACE

CHERS COLLÈGUES,

La triste situation faite à notre malheureux pays par cette guerre fatale et la paix désastreuse qui vient d'être signée, m'a inspiré ces quelques pages que je vous prie d'agréer comme un douloureux souvenir de l'époque que nous traversons.

Adieu, AMIS et CHERS COLLÈGUES, soyez heureux ; mais peut-on se dire heureux quand la France est à terre.

Tout à vous,
Votre ami et collègue,

D. GESTA,

Lieutenant en 1er de la 3e batterie d'artillerie du Gers.

Bordeaux, 12 mars 1871.

PRÉFACE

Dans une de nos dernières esquisses où, nous prenions pour titre le *Droit* qui, selon l'éloquente expression du grand Mirabeau, est le souverain du monde, nous commencions par ces lignes :

« Quelle que soit l'issue de la lutte qui désole actuellement l'humanité, et qui, faisant reculer d'horreur la civilisation, menace de détruire l'unité française, le droit qui préside aux destinées du monde n'en continue pas moins sa marche, ramenant les sociétés ébranlées jusque dans leurs fondements, sur la voie sévère du bien et de la justice. »

Et nous finissions par cette page en parlant de la France engagée dans la lutte suprême :

« Parmi les nations modernes, la France, par la nature de son génie, par cette grandeur morale, par cette généreuse ardeur qui la caractérise et qui lui a longtemps attiré la sympathie des peuples, la France est peut-être la seule nation qui ait jusqu'ici le mieux compris, le mieux appliqué, soit dans ses institutions, soit dans ses mœurs, même dans les guerres, ce grand principe du droit et de la justice, véritable lien moral de toute société et de toute civilisation.

Tandis que l'Espagne et l'Italie, après avoir atteint le sommet de la gloire et des richesses, s'éteignaient pour ainsi dire, à l'ombre fatale du catholicisme (1) que désertaient déjà, mieux inspirées, les races du Nord ; la France fière de son unité, se dépouillant du manteau usé de la monarchie, démolissait, à l'aide de la philosophie, tout ce qui restait d'iniques abus et d'humiliants priviléges, fécondait toute production et tout progrès en émancipant et glorifiant le travail, et rétablissait dans toute sa simplicité et sa grandeur ce qui fait la force et la dignité de l'homme, le respect absolu de sa liberté et de sa conscience, créant ainsi de nouvelles vertus et de nouveaux devoirs.

Ce fut là le magnifique commencement de tout un nouvel ordre de faits, de réformes et d'idées dont l'heureuse influence ne tarda pas à se faire profondément sentir chez presque toutes les nations de l'Europe dont quelques-unes, près de périr, se relevèrent comme régénérées par un souffle nouveau.

Cependant le vieux droit de la force et tous les vieux intérêts, gouvernés et poussés par un aveugle égoïsme, irrités et comme épouvantés d'une ruine certaine, se dressèrent furieux et engagèrent de toutes parts cette lutte colossale que le génie de la Révolution soutint glorieusement pendant vingt ans contre les préjugés et les rois. Et si, dans ces luttes suprêmes, le droit nouveau parut à la fin ne pas triompher complètement, il n'en resta pas moins dans le sein des peuples et dans la conscience humaine, comme un germe vivace, indestructible.

C'est ce même germe, tombé du cœur de la France et arrosé du sang de ses enfants sur les glorieux champs de

(1) Dans une note précédente nous avons expliqué la différence qui existe entre le catholicisme et le christianisme ; le premier est un système, le second est une doctrine ; c'est le système qu'il faut changer en revenant à la doctrine pure et simple Les nouvelles institutions, si elles veulent être durables et sérieuses, doivent commencer à le faire en séparant l'Eglise de l'Etat. C'est ce que nous traiterons dans un prochain travail.

bataille de l'Italie et de l'Allemagne ; c'est ce même germe
d'unité, d'indépendance, de liberté et de justice, qui ali-
menta chez ces deux peuples des aspirations qu'un des-
potisme séculaire croyait à jamais étouffées. Et lorsque,
par la force des choses, cette œuvre, la plus imposante de
l'histoire et qui remplit tout notre siècle, allait enfin se
réaliser, on ne sait par quelle fatale erreur, par quelle
aveugle défiance, ces deux grands peuples, la France et
l'Allemagne, qu'un seul intérêt, celui de la civilisation et
de la paix semblait devoir réunir, se sont laissés tomber
dans cette crise inouïe qui, suspendant tout principe, ar-
rête et jette tout dans une épouvantable confusion, et où
il ne s'agit plus pour eux que de vaincre ou de mourir.

Hélas ! ce dernier sort nous était réservé ; mais cher-
chons quelques-unes des causes de cette immense chute
qui couvre déjà l'histoire de deuil.

LA CHUTE DE LA FRANCE

La vérité, la triste vérité.

(D. G.)

Lorsque, en 1848, après les sanglantes journées de juin. la réaction triomphante eut préparé les voies à l'empire, l'Europe monarchique, que nos idées modernes avaient fortement ébranlée, se hâta d'étouffer partout où elles avaient éclaté, à Rome, à Vienne, à Berlin, ces nouvelles aspirations des peuples vers la liberté. La Russie, dont les intérêts paraissaient être désormais en Orient, foulant aux pieds la Pologne, aidait l'Autriche à écraser l'Italie et la Hongrie.

C'est alors que la France, déviant de sa véritable voie, faisait follement le sacrifice de ces mêmes idées qui lui avaient rendu toute sa force et son élan et s'abandonnait aveuglément entre les mains d'un seul homme dont la politique aventureuse devait tôt ou tard la conduire aux abîmes.

Tantôt, sous prétexte de relever l'ancien prestige de nos armes et de soutenir le vieil équilibre européen, vainement menacé en Orient, nous entraînions notre antique rivale, l'Angleterre, à porter avec nous la guerre sous les murs de Sébastopol.

Tantôt nous courions secourir l'Italie et l'arracher des mains despotiques, oppressives de l'Autriche, et cette fois pour satisfaire un nouveau principe tout à fait opposé à l'ancien système historique, le principe fécond des nationalités qu'on aurait dû au moins poursuivre jusqu'au bout ; et, par cette marche en avant, on aurait nécessairement amené une alliance salutaire entre l'Allemagne, l'Italie et la France par une certaine communauté d'idées qui paraissaient être le fonds de ces trois grandes nations, les plus avancées dans l'éternelle carrière de la civilisation.

L'on aurait ainsi évité ce choc épouvantable pour lequel nous n'étions plus disposés et qui a consommé notre ruine.

Tantôt, enfin, sous le prétexte de développer et défendre notre commerce, nous nous jetions dans de folles expéditions lointaines dont l'unique résultat fut de désorganiser notre marine et notre armée en usant leur prestige moral et d'affaiblir considérablement nos forces, et par conséquent notre action politique dans les affaires de l'Europe.

Cependant la fortune et les richesses de la France, loin d'avoir souffert de ces extravagances, s'étaient élevées à cette apogée dont l'Exposition de 1867 fut l'étonnante manifestation. Mais la fibre nationale, énervée par un bien-être inouï, s'usa tellement que lorsqu'il fallut livrer les grands combats, la vigueur de la nation que ne soutenaient plus les fortes convictions ni le patriotisme qui seuls enfantent les choses grandes, héroïques, immortelles, manqua complètement et la France succomba.

Voilà pourquoi l'Allemagne nous a vaincus et terrassés ; poussée par une idée fixe, soutenue par une morale sévère, et fortement appuyée par une organisation intelligente et vigoureuse, éclairée surtout par le patriotisme le plus ardent, le plus terrible, elle a pu marcher, par notre faiblesse et nos fautes, de triomphe en triomphe vers d'immenses résultats, inouïs dans les annales des peuples, couvrant notre sol de sang et de ruines, emportant à jamais nos richesses et notre gloire, et brisant, hélas! notre antique unité, comme pour nous punir de n'avoir pas compris que l'invincible destin la poussait à accomplir la sienne.

Tel devait être le sort fatal et mérité de la France; telles devaient être les grandes destinées de l'Allemagne.

Et maintenant que nous voyons nos maux si grands, notre chute si profonde, allons-nous au moins profiter de nos immenses revers et éviter les causes politiques et morales qui nous y ont précipités.

C'est en vain que l'on compte se relever par quelque nouvelle crise en Europe où notre force est éteinte et où l'on restera longtemps sous le coup de si grands et si terribles événements.

N'est-il pas cependant douloureux, si ce n'est pitoyable de voir nos vieux partis, sans foi, sans idées, sans principes, lever, sur les ruines de la patrie, insolemment la tête, s'agiter dans le vide, la honte et le néant, pour se disputer les lambeaux d'une puissance qui n'est plus.

On nous parle encore aujourd'hui de toute une nouvelle réorganisation; c'est la tâche éternelle de tous les gouvernements qui depuis bientôt un siècle se succèdent en France de secousse en secousse et sans jamais aboutir à fonder quelque chose de vrai, de grand et de durable en dehors des mœurs et des idées. Et pourquoi? Parce que la foi en la liberté a jusqu'ici manqué.

Si la France veut donc se relever et reprendre son rôle fécond dans l'œuvre immense du XIX⁰ siècle, il faut qu'elle entre, une fois pour toutes, dans une voie franchement libérale (1) en éteignant à jamais ces haines fra-

---

(1) Une des libertés les plus néssaires au progrès de nos institutions, c'est la liberté de l'enseignement. C'est principalement à cette liberté que l'Allemagne et l'Angleterre doivent leur supériorité sur la France.

Nous traiterons plus tard cette importante question.

tricides, ces passions basses qui entretiennent encore dans son sein de funestes préjugés, qui étouffent ses plus belles, ses plus nobles, ses plus généreuses aspirations, et en refaisant enfin complètement ses mœurs par l'amour de la patrie, de la science et de la liberté.

D. GESTA.

Bordeaux, mars 1871.

P. S. — Ces quelques pages font encore partie de notre sujet (1) qui se développe, pour ainsi dire, par la marche même des institutions et des événements de notre époque que nous essayons de suivre et d'étudier, mais toujours dans un cadre très limité.

(1) L'Œuvre du XIX· siècle.

Bordeaux. — Imp. Aug. BORD